magia ligera

- Upile Chisala
traducido del inglés por
Yahaira Carrillo Rosales

© 2016 Upile Chisala
© de la traducción: Yahaira Carrillo Rosales
© Editado por Liliana Sifuentes

Todos los derechos reservados. Se prohíbe utilizar o reproducir cualquier parte de este libro en manera alguna sin previo permiso escrito por parte de la editorial o el autor.

ISBN-13: 978-1533038173

ISBN-10: 1533038171

Dedicatoria

para mis seres queridos, difuntos y vivos

Goteo melanina y miel.
Soy negra sin arrepentimiento.

Hoy y todos los días,
Estoy agradecida por las mujeres de color
que aman/escriben/hacen/sienten
desde la raíz
y nunca
piden disculpas por su magia.

Quiero pensar que Dios sonríe
cuando una mujer negra
tiene el valor de amarse.

ahora que conozco
la magia ligera de tu risa
y como tu cuerpo se mueve como arte,
¿por qué regresaría?
¿que había antes de ti?

niñ@ de color en ruta a amarte a ti misma

si estos poemas te encuentran en tu día más triste
siéntete libre de comértelos enteros.

(después de todo, son tuyos)

tristemente,
cuando el mar es tu frontera
tendrás que ingeniártelas.
casa está lejos
y el ansia que sientes por ella
podrá hacer que tus huesos duelan.
así que estudias los supermercados
hasta que sabes donde
 puedes encontrar
carne de cabra
y
yuca
y
harina de maíz
y
harina de maní
y
quimbombó
y
pez seco
y
hojas de calabaza,
comida que hace correr tu memoria
al fin y cabo
tendrás que ingeniártelas.
disculpa,
casa esta lejos y
ansías por ella
y
el obstinado mar no desaparece.

mi padre me dio la matemática.
mi madre me dio magia.
He estado usando los dos para amarte.

eres una mujer tras su propio corazón,
querida,
esto es lo más valiente que se puede ser.

aquí estás,
negra y mujer y enamorada contigo misma.
eres aterradora.
están aterrorizados
(como debe ser).

mi madre me dice que se crió sola
ves…....
ella siempre ha sido sol y lluvia para mi,
estoy asombrada de cómo sobrevivió y se convirtió en flor sin ninguna de las dos cosas.

(para mi madre, la mujer más fuerte que conozco.)

estaba creada para ti,
amante,
¿qué importa el mar?

todas las mujeres lindas dentro de tu sangre
están tratando de enseñarte su magia ligera
por favor ponles atención.

todas las mujeres lindas dentro de tu sangre
están tratando de enseñarte su magia ligera
por favor ponles atención.

muchacha morena
sueña aquellos sueños.

Espero hacer con las palabras lo que bailarines hacen con extremidades.

recuérdenles a sus niñas de pelo crespo
y piel radiante como el cielo de noche
que ellas también son milagros,
que ellas también son guerreras.
recuérdenles a esas pequeñas almas sobre las diosas
que siempre estaban destinadas a ser.

Luchar contra la tristeza es una guerra necesaria.

Te escribo poemas porque Dios habló el universo
a la existencia,
así que no me digas que las palabras son solo palabras.
Que
las palabras no dejan una marca,
hacen cambio,
crean donde antes no hubo nada.

Debo advertirte,
hay un suave *juju* obrando en mis piernas.

para las madres
que nos alimentaron con poemas
hasta que nuestras barrigas
no tenían espacio para
incertidumbre,

gracias.

1. No aceptes el amor de un hombre que te hace sentir pequeña, el universo es demasiado amplio.

2. Eres naturalmente bella y completamente irremplazable.

3. No tienes que ir lejos para encontrar amor y validación, comienza por dentro.

4. Los niños son niños y los hombres son hombres, distínguelos.

5. Estate a solas a menudo, como eres, pero no dejes que eso se convierta en soledad.

6. Recuerda mantenerte gentil.

7. No permanezcas enfadada con el mundo por mucho tiempo. Busca la vida en las pequeñas cosas y muévete más allá de la tristeza.

8. Toca a alguien, con tus manos o con tu corazón, con tus palabras o con tu silencio. Compártete.

9. Celebra tu piel.

10. Se tu misma y nunca pidas disculpas por ser alguien a quien amas.

aquí, bésame
déjame darte la ciudad que he andado cargando
en mi boca.

es cuando no creemos que somos suficientes para nosotros mismos que empezamos a buscar a personas en quien ahogarnos.

a la niña en contra de su propio cuerpo,

       rezo que encuentres un lugar en donde bajar tus armas.

querida,

mujeres como tú son conocidas por llevar guerra entre los dientes

y todavía pueden deslizar suaves palabras por la lengua.

los confundes en cómo caben ambas

batalla y paz

en tu cuerpo.

el problema es,
algun@s de nosotr@s somos terriblemente sensible
y fatales al escoger amores!
y se puede sentir como si queremos al amor
más de lo que él nos quiere a nosotr@s.

No lamento que no compartamos más un cuarto
sin sentir que las paredes nos aprietan,
sin que los muebles suden.
querido,
creamos todo este calor entre nosotros
quemábamos el uno por el otro,
¿recuerdas?

por favor…
denle de comer a sus hijos la misma suavidad que le dan de comer a sus hijas.

Niños pequeños con sol en la risa
están siendo confundidos con
hombres
porque sus cuerpos fueron creados como
los de
guerreros.

(para los nenes de color cuyos huesos aún están
transformándose en guerreros. Eres pequeño. Eres
amado.)

naciste balanceando idiomas en tu lengua.
tu familia es varias fronteras viviendo bajo un techo,
discutiendo en la sangre.
querid@,
donde te encuentres
eres extranjer@.

traducción aproximada

    este cuerpo de mar entero te extraña
    ven a nadar querido.
    ven a nadar.

---

    this whole ocean of a body
    misses you
    darling, come swimming.

---

    bwenzi,
    ndine nyanja
    dzandisambire.

a veces como poemas

por la noche

cuando hay guerra en mi vientre

y

he estado dando vueltas y vueltas
por horas,
tratando de sacarte de mi piel con sueño.
querido,
meriendo palabras suaves de nuevo,
no me dejaste ni una,
no me dejaste nada
para alimentar la miel en mis huesos
para despertar el fuego en mis venas
no me dejaste ni una
no me dejaste nada,
así que me deslizo de entre las sábanas
y me deleito con todos los poemas
que deberías haber escrito para mi.
todos los poemas
que debería haber escrito para mi misma.

amante,
disculpa que el mar que nos separa
no se pueda desvanecer orando.

Cuando tu abuela fallece,
no permanece en la tierra
o en la fotografía en tu mesa de al lado,
encontrarás,
que cuando un hombre bese nuevos sueños en ti
recuerdas darle gracias por tu cara
y las lecciones que inyectó en tu piel
le das las gracias
por hacerte digna del buen amor
una y otra vez.

chica, ¿quién te enseñó a ser tan callada?
¿a volver a doblar tu opinión tan limpiamente en tu boca?

recuerdo la primera vez que te enamoraste
dijiste que hasta el agua sabía rara,
y tomar aire era como sorber galaxias.
veías todo como si nunca lo habías visto
antes.
fue la primera vez que me di cuenta que
el amor por un momento o una temporada,
puede hacer que un universo entero se sienta recién creado.

raramente sabes cómo compartirte,
estás acostumbrada a hombres
que te aman a medias
y no piden permiso,
así que cuando él se rendía ante tus besos
era plegarias entre tus brazos
no entendías que un hombre
podría enroscarse tan bonito,
cargar tanta suavidad en su voz
y pedirte tan dulcemente
por una parte,
por un lugar a tu costado
y a todos tus demás pensamientos,
no entendías
que tu amor valía una súplica
y cuán hermoso era que un hombre
se convirtiera en solo huesos y piel
hasta que besaras esperanza en su ser.

a los hombres que actúan como si fueran el primero en haber amado a una mujer negra,
les diré
'he amado esta piel desde antes que tú respirarás en ella'.

querida,

recuerda de correr de los hombres que prometen completarte.

ya estás entera.

aún no ha funcionado para nadie en tu linaje
luchar contra la tristeza con botella
así que déjalo,
mejor prepara algo calientito.
ponte algo limpio querida
y dedicate a vivir.

antes de que tus caderas se formarán
te enseñaron
cómo ser mujer
y
cuanta mujer ser.

crea el hábito de celebrarte
de piel a médula,
eres magia.

tu abuela te dijo

"te conviertes en mujer el día que tomas
palabras pesadas
y
las mueles hasta que se hacen
miel"

corazón,
dime cuando estés listo.

demasiados hombres y mujeres color tierra
excluidos
y rotos,
de cuerpo
y desangrado
negros y rogando
negros y apenas respirando.

demasiada gente de piel color miel
golpeada
y quemada,
y moreteada
y enbibliada.

demasiados niños de melanina
acostados
muy pronto en cajas apretadas,
parques y casas de oración
convirtiéndose en panteones y tumbas,

demasiados hermosos bebés negros
apenas salidos del vientre están siendo
enterrados.

estoy perpleja en cómo lo negro..
este negro santo,
este negro sagrado
este negro bendito!
se ha convertido en sentencia
se ha convertido en ofensa
felonía
delito
fechoría
así que cuando sangre negra se derrama es algo
menor
es algo común
es algo esperado.
así que cuando sangre negra se derrama,
un sistema no llora.

Sus besos son cartas de amor dirigidas a mi alma.

amada,
        reúne todo el dolor en tu cuerpo
        y cuéntale que no estabas destinada a estar rota.

considera esto:

tu cuerpo es una bendición.
donde se dobla
hunde,
arruga.
donde fue
cicatrizado
quemado
tocado,
todo esto es un mapa de tu vida.
tu cuerpo es memoria
algo dulce
algo triste
pero, no obstante, memoria
tu alma vive
en una casa de historias,
tu cuerpo es memoria.

eres la respuesta a la oración que fui muy orgullosa de hacer.

eres hermosa,
y tus alas están hechas de cosas que te echaron
en cara,
cosas que querían hacerte aún más pequeña
en un universo tan amplio.
pero las tejiste juntas,
a esas viejas y peligrosas cosas,
e hiciste alas.
¡que hermosa criatura eres!
¡que hermosa criatura siempre haz sido!

me parezco a mi padre.
me emociono como mi madre.

    — cómo Dios sirvió la comida.

señor,
por nueve meses tú también nadaste en sangre de madre.
dime, ¿cómo puedes
odiar a una mujer con cada hueso de tu cuerpo?

querido,
no existe tal cosa
como una moneda de un solo lado.
soy miel
y limón.

querida madre,
espero heredar toda tu ternura
y la manera rigurosa con la que amas.

no dejes que la primera vez que tu hija oiga que estás orgullosa de ella sea el día de su boda.

Y hoy,
tus huesos
recogieron tu piel
y dijeron

'Ven, hagámoslo otra vez"

Amar a alguien que no corresponde a tu amor es trabajo desagradecido para el corazón.

la primera vez,
y las veces después,
procura no perderte
en la teoría de un hombre.

Si eres milagro sobre piernas poderosas
envuelta en piel sagrada,
este es un poema
para recordarte que debes parar y sentir
la vida que recorre por tu cuerpo,
eres muchas cosas buenas.
eres muchas cosas buenas.
eres muchas cosas buenas.

querid@,
esos huesos fuertes fueron creados en un vientre.
comenzaste en lo blando.
provienes de lo dulce,
por favor recuerda esto cuando ames.

algunos días, nuestras oraciones son lo doble de fuerte
y lo triple de largo,
algunos días tiene que ser así.

encapríchate contigo misma,
desvergonzadamente.

en la voz de mi madre encuentro mi hogar.

guárdate algunos poemas suaves,
necesitas tu amor al igual que la próxima persona.

intenta no amar a hombres vacíos,
son feos en la boca.

querida,
tu cuerpo no es un cementerio para las inseguridades
de los demás.

tu madre te pidió que no fueras blanda,
dijo que tu fragilidad
echaría a correr a los hombres hacia
mujeres que parecían poder desenterrar
montañas.
dijo que el amor solo era para mujeres fuertes,
mujeres que oraban.
mujeres que daban las dos mejillas.
mujeres que entendían
que los hombres necesitan y necesitan y necesitan
y quieren y quieren y quieren.
mujeres que estaban preparadas para ser menos que
suficiente.
dijo que no había nada de fuerte en que una mujer
le pidiera a un hombre lo que no ha sido creado para dar.
dijo que el respeto era de las películas y que el amor bueno
solo se encontraba en poemas.

y casi le creíste.

Amado,
trae toda tu miel
y
todo tu dolor.

Dile que trae diosas en los huesos
e historias de victoria en su piel
y que la negrura
no es pecado.

Soy mía cada vez.

Confía en mí,
sé cómo componerme,
cómo:
sanar
y quemar
y doblar
y formar.
Sé cómo hacerme algo nuevo,
así que no te quedes por lástima,
déjame rota
y yo encontraré mi camino hacia la plenitud.

cuéntame
todas las historias que comienzan en tu sonrisa
y
terminan en tus ojos.

elige la felicidad cada mañana cómo elegirías un atuendo.

si alguien no te ha dicho recientemente que eres valiente, lo haré. estás luchando contra la tristeza con todo lo que tienes y por eso eres fuerte.

Para los hombres que me han amado
inconsistentemente,
Te sobreviví.

sentir profundamente no te hace débil.

mostrar que sientes profundamente no te hace débil.

admitir que hay partes de ti que todavía huelen a hombres que entraron a tu vida

y pusieron su tristeza en tus palmas

y pasaron sus dedos vacíos por tu cabello

y te besaron con sus errores

y te escribieron poemas de nada

y se acurrucaron a tu lado con sus inseguridades,

no te hace débil.

no fueron fácil de amar, estos hombres,

trataron de peinar sus problemas

sobre el lavabo de tu felicidad.

algunas personas son cruel sin razón.

mi querida,
eres color de la tierra
heredaste santidad,
no dejes que nadie calle la gloria en
tus huesos
no dejes que te hagan dudar
que tu
en realidad
eres
importante.

¡que loco sería si en verdad
pudiéramos hacernos feliz el uno al otro!

no te prives de la felicidad,
mereces todas las malditas oportunidades
todos los malditos intentos
así que, querid@, deja de pensar en nuevas formas de morir.

querido
solamente mi sonrojo
¡mi sonrojo!
mi sonrojo, en sí, es cien poemas
imagina
cuanto escribiría mi cuerpo
si me amaras.

verás que tengo el color de mi abuela
y el corazón de mi madre.
cariño,
estoy habitada por mujeres que oran.

fuiste la primera cosa fuera de mi misma que yo veía y a
que me sentía conectada,
¿entiendes esto?

El ha encontrado galaxias
entre las piernas de otras chicas
y de repente el mundo
que yo planeaba ofrecerle
sno es suficiente.

ella dijo:

"Mereces una cena completa de amor. Deja de picotear."

tú
y yo
y todos nuestros vicios.

Lo que le damos a los dioses en oración
se nos regresa en la gente.

tu madre era un mito
tu padre una historia
pero eso no hizo que te abstuvieras de
amar fuertemente.

hasta la ausencia es maestro.

Sé que eres algo salvaje,
perdóname por tratar de sacar los bosques de tu ser con amor.

Encuentra algo bonito y respétalo.

los poemas,
como los cuerpos,
llevan sangre
y agua
y pedazos de
todos los que nos han amado.

amor,
no creerías todos los lugares
donde pensé que te encontraría.

el dijo:

¿estás segura que no cargas océanos enteros en el pecho?
¿montañas en los ojos?
¿el cielo en tus labios?
porque
comienzo a sentirte como
el mundo entero para mi

ser este ébano.
tener este nombre.
cargar este idioma en la boca.
había momentos cuando solo quería
mezclarme
sentarme desapercibida,
nada especial,
pero camuflarse es desvanecer.

habrá veces en que no seré dulce miel
ni te amaré con suavidad
pero por favor recuerda que
estos huesos han cruzado mares por encontrarte
y lo harían de nuevo.

¿Por qué temes amar a una mujer fuerte?

quizás también cargamos con las culpas de nuestras madres
en nuestros huesos,
quizás los pecados de nuestros adorados padres
están reprimidos en la sangre.
Disculpa,
quizás heredamos algo de su dolor

(lo que nos dieron descuidadamente. los que están tratando de retractar.)

bésame de todas formas.
bésame siempre.

cuando tu silencio comience a chocar con lo ruidoso de tu amado
y todo el amor paciente se ha gastado
y eres tanto quedar como ir
contiene tu lengua
toma aire,
para.
lee tu libro favorito de nuevo
o
ve a caminar o correr
o a fumar
o come algo dulce,
dale un pequeño descanso a tu corazón,
y por un momento
deja que el amor se preocupe del amor.

No quiero ser menos de mi si es la única manera de tener mas de ti.

querido,
soy un país al cual no te debes acercar.
estoy en guerra conmigo misma.

Mil poemas han estado bailando en mi pecho
desde la primera vez que
me besaste.

él dice que

agregó distancia a la distancia
y que soy la razón por cual el mar se siente infinitamente
ancho
cambios de tiempo y de estaciones son aparatos de
mis manos,
porque trato de comprobar
que puedo romper su corazón
una y otra vez
desde miles de millas de distancia
y todavía ser la chica de sus sueños.

las manos de mi madre están cansadas,
casi lo puedes notar cuando te abraza,
se inclina hacia adelante y descansa sus dedos en tu espalda
compartiendo un pequeño peso en secreto
casi, desahogando.

Sigo aprendiendo cómo hacer un idioma
del dolor,
para escribir todo el dolor.
Sigo enseñando a mi frágil
y a mi fuerte
que pueden coexistir.

cuando te ofrece amor estrecho,
no lo tomes solo porque tienes piel gruesa.
Di no al amar a alguien
más de lo que se aman a sí mismo.

no le preguntes por qué se fue
hará lo cobarde
y dirá
que eras más guerra que mujer
y que amarte era una lucha.

Todavía estoy aprendiendo
el arte de
dar
y
recibir
y
regocijar.

¡Amante,
       nos cavamos de lugares solitarios
        dime que eso no es magia!

a veces siento como que te soñé, querido,
cómo si cerré los ojos
y te cree.

Negar, camina dentro de la familia.

cuidado con cómo decides amar a las personas,

no los destruyas,

no te destruyas.

pasatiempos actuales:
1. Amar a los hombres incorrectos de manera correcta
2. Amar a los hombres correctos de manera incorrecta

bwenzi,
yo sé que la depresión es difícil a veces,
sigue levantándote de ahí,
tú, cosa sobreviviente.
tú, cosa floreciente.

muchas de nosotras somos mares
        con amores que no aprendieron a nadar.

la primera vez que lo viste
perdiste tu idioma,
te tragaste tu nombre,
y no pudiste recordar ni una mendiga cosa sobre ti misma,
en ese momento te deberías de haber echado a correr.
deberías de haber corrido a casa
antes de que perdieras
lo que se sintió como vidas enteras
olvidándote en un hombre.

aquí estamos,
negros y enamorados de nosotros mismos
y nos odian por eso.

Una nota final:

queridas hermanas de melanina,
nos necesitamos.

Upile es de Malawi. Nació en 1994 y creció en Zomba. Vive en Baltimore donde toma fotos bonitas, escucha música y planea pequeñas aventuras mientras toma té.

Yahaira Carrillo Rosales es mexicana, *queer* y chingona. Nació en Michoacán y ha pasado la mayor parte de su vida en Kansas City donde obtuvo su licenciatura en Lengua y Literatura Hispánicas. Actualmente radica en Oakland donde pasa sus días aprendiendo sobre el herbalismo, jugando con Luna (su chihuahua), escribiendo y pensando qué forma tomarán sus palabras.

CPSIA information can be obtained
at www.ICGtesting.com
Printed in the USA
LVHW080007040919
629871LV00005B/336/P